Lo que conozco

CONOZCO EL TIEMPO

By Trisha James
Traducido por Eida de la Vega

Gareth Stevens
PUBLISHING

conceptos básicos

Estoy al tanto del tiempo.
¡Es un día soleado!

Este es un día lluvioso.

Este es un día ventoso.

Este es un día caluroso.

Este es un día frío.

Este es un día de nieve.

Este es un día nublado.

Este es un día neblinoso.

Esta es una tormenta.

¡Este es el arcoíris!

¿Qué tiempo te
gusta más?

Please visit our website, www.garethstevens.com. For a free color catalog of all our high-quality books, call toll free 1-800-542-2595 or fax 1-877-542-2596.

Cataloging-in-Publication Data

ISBN 9781538251577 (pbk)

First Edition

Published in 2020 by
Gareth Stevens Publishing
111 East 14th Street, Suite 349
New York, NY 10003

Translator: Eida de la Vega
Editorial Director, Spanish: Nathalie Beullens-Maoui
Editor, English: Therese Shea
Designer: Sarah Liddell

Photo credits: Cover, p. 1 (stripes) Eky Studio/Shutterstock.com; cover, pp. 1 (main), 7 andreiuc88/Shutterstock.com; pp. 3, 23 (sunny day) Elenamiv/Shutterstock.com; pp. 5, 23 (rainy day) Patrick Foto/Shutterstock.com; p. 9 Pressmaster/Shutterstock.com; p. 11 Alinute Silzeviciute/Shutterstock.com; pp. 13, 23 (snowy day) Sunny Forest/Shutterstock.com; p. 15 Lostry7/Shutterstock.com; p. 17 Calin Tatu/Shutterstock.com; p. 19 Marafona/Shutterstock.com; pp. 21, 23 (rainbow) Wallenrock/Shutterstock.com.

Printed in the United States of America

CPSIA compliance information: Batch #CS19WL: For further information contact Gareth Stevens, New York, New York at 1-800-542-2595.